GEBOTE

Der Werdegang der Liedermacherin Bettina Wegner gehört zu den spannendsten Lebensläufen des 20. Jahrhunderts. Es ist der Weg von einem Kind, das Stalin glühend verehrte, über eine hoffnungsfrohe Teenagerin, die mit ihren eigenen Liedern eine Gesellschaft mit aufbauen möchte, hin zu einer beseelten Künstlerin mit einer unerschütterlich humanistischen Haltung. So heroisch das klingt, so irre und aberwitzig, mühevoll und traurig, hingebungsvoll und vergeblich ist es in den vielen Dingen des Lebens, die zwischen den Liedern und Gedichten eine Biografie ausmachen. Bettina Wegners Leben ist die Geschichte eines Jahrhunderts; es steckt in ihren Knochen, ihrer Seele, ihren Gedanken – und in ihren Gedichten und Liedern. Davon erzählt Bettina Wegner in dem Film BETTINA von Lutz Pehnert. Dieser Film ist auch der Anlass für ihre Auswahl von Liedern und Gedichten aus 40 Jahren ihres Schaffens für das vorliegende Buch.

Bettina Wegner

GEBOTE

Lieder und Gedichte aus 40 Jahren
Buch zum Film BETTINA

SALZGEBER

2. Auflage 2023

Salzgeber Buchverlage GmbH
Prinzessinnenstraße 29, 10969 Berlin

Umschlaggestaltung: Jan Baszak unter
Verwendung einer Fotografie von Anja Weber
Satz: Robert Schulze
Printed in Germany

ISBN 978-3-95985-661-4

Mehr über unsere Bücher und Autor*innen:
www.salzgeber.de

Inhalt

Jan

Ach, vor einem ganzen Jahr
als ich noch sehr glücklich war
lief ich, mich im Tanz zu drehn
denn mein Jan, der tanzte schön.

Wenn wir tanzten, das war fein
und er sagte: Du bist mein.
Doch dann blieb er plötzlich fort
tanzte wohl am andern Ort.

Heute tanze ich allein.
Keiner sagt mehr: Du bist mein.
Meine Füße sind schon wund
doch ich tanze ohne Grund.

Ach, ein Jahr geht schnell vorbei.
Ich bin noch zum Tanzen frei.
Und nun wart ich auf den Mann
der wie Jan so tanzen kann
wie mein Jan so tanzen kann.

(1965)

Der Bucklige

Wurde geborn mit einem Bein
das länger als das andre war.
Die Welt schien ihm verkehrt zu sein
er hatte einen Buckel gar.

Da kaufte er sich einen Hund
der war noch häßlicher als er
und starb am Sonntag ohne Grund.
Die Nächte wurden tränenschwer.

Dann nahm er eine Frau zum Weib
die hatte Lippen, warn so blaß.
Er kaufte ihr ein rotes Kleid
doch ihre Augen blieben naß.

Eh seine Frau ging in den Tod
nahm sie sich einen festen Strick
und färbte sich die Lippen rot
dann hängte sie sich mit Geschick.

Da hub er eine Grube aus
und legte endlich sich hinein.
Nachts steigen Träume dort heraus
die weinen und die schrein.

(1966)

Die Margeriten

Alle Rosen bleichen
wenn die Sommer aus den Landen weichen
und die Margeriten werden grau

Und sie waren weiß und schön
Man konnt sie an den Teichen sehn
wo sie einst standen, als wir sie dort fanden.

Heute sind sie grau und sind nicht schön
Ich will die Margeriten, will die Margeriten
nie mehr sehn

Alle Rosen bleichen
wenn die Sommer aus den Landen weichen
und die Margeriten werden grau.

(1966)

Auf der Wiese

Auf der Wiese haben wir gelegen
und wir haben Gras gekaut
folgen wollt er mir auf allen Wegen
Blumen hat er mir geklaut.

Montag hat er mir das Haar gekämmt
Dienstag gingen wir ins Kino
Mittwoch hab ich ihm was vorgeflennt
denn wir hatten nur Casino.

Und den Donnerstag, den ganzen
blieben wir in unserm Bett
und am Freitag warn wir tanzen.
Wenn ich doch den Freitag hätt.

Samstag lag er mir in meinen Ohren
daß er mich wie irre liebt
und er hat mir sicher auch geschworen
daß es keine andre gibt.

Sonntag ist er fortgegangen
ist für immer mir entwischt.
Ach, ich hätt ihn aufgehangen
hätte ich ihn bloß erwischt.

Auf der Wiese habe ich gelegen
und ich habe Gras gekaut.
Folgen trage ich auf allen Wegen
Blumen klaun hab ich mich nicht getraut.

(1966)

Für Jan Palach

Er war so schön und neu
ein kleiner Held und Riese
im Haar war Staub vom Heu
und Gras von einer Wiese.

Er baute sich aus Zweigen
ein großes Feuerhaus
und wollte allen zeigen:
Der Mensch ist keine Laus.

Erst brannten seine Haare
das Gras war noch zu grün.
Man holte eine Bahre
doch er war am Verglühn.

Dann kam die große Ratte
die fraß ein großes Loch.
Daß man ihn nicht bestatte
fraß sie das andre noch.

(1968)

Magdalena

Magdalena war so schwarz
und hatte große Hände.
Wen sie liebte
streichelte sie in die Wände
weiß und kalkig ward ihr Liebster endlich noch
dabei liebte Magdalena jeden doch.
Magdalena

Tausend Leben hat sie wohl
zu Tod gedrückt.
Manchmal glaubt sie selbst
sie wird verrückt
weil sie immer wieder lieben muß
dabei tötet jeden schon ihr Kuß.
Magdalena

Ach, die langen Haare gehen bis zum Knie
doch vier Tage überlebt man mit ihr nie.
Nimm nie ihre Hand, die sie dir gibt
ach, sonst hat dich Magdalena totgeliebt.
Magdalena

(1968)

Die Kinder des Fleischers

Das Kind des Fleischers unsrer Stadt
kam eines Morgens früh zu mir
und sprach, daß es sein Vater schickt
und daß es Folgendes zu sagen hat:
Wissen sollten all die Männer dieser Stadt
und die Frauen und die Kinder auch
Sein Vater wäre auserwählt zu schlachten und zu wählen.

Ich sah dem Fleischer auf die Stirn
und dacht: Der Mann hat kein Gehirn
Ich fragte ihn, woran man das erkennt
wenn man den Menschen Auserwählten nennt
Er zeigte Bücher, die wir niemals lasen
und sagte sehr bestimmt: An graden Nasen!

Ich sprach: Ihr seid die Auserwählten nicht
Und eure Worte haben kein Gewicht
wenn ihr die Stirne habt, zu sagen
Man könne alle Leute plagen
die Träger andrer Nasen sind
als der Fleischer und sein Kind.

Ich hab geglaubt, die Worte hätten kein Gewicht
Jedoch es war die Sache ganz so nicht
Es gibt zuviele Leute mit so flacher Stirn
Es gibt noch tausend Leute ohne viel Gehirn
Die glauben nun, sie wären auserwählt
Es sind zuviel, ich hab sie nicht gezählt.

Als ich begriff, wieviel die Fleischer waren
Als ich sie schlachten sah in fetten Scharen
hob ich die Hände und hab heiß geliebt
Oh Herr im Himmel mach, daß es dich gibt
Oh Herr, so mach, daß es dich gibt.

(1968)

Nimm deinen Segen nicht von mir

Nimm deinen Segen nicht von mir
laß deine Hände liegen
und deine Liebe und bleib hier
wenn alle Vögel fliegen.

Und wenn du in der Tür schon stehst
dann komm noch einmal wieder
und hör mich an, bevor du gehst
und höre meine Lieder.

Leg deine Hand auf mein Gesicht
so, daß mich niemand sieht
dann, Liebster, fürchte ich mich nicht
vor allem, was uns blüht.

Nimm deinen Segen nicht von mir
laß deine Hände liegen
und deine Liebe und bleib hier
wenn alle Vögel fliegen.

(1969)

Der Andere

An einem klaren Tage, Montag früh
da ist er auf die Welt gekommen
und obwohl ihn seine Eltern nie
wollten, haben sie ihn schließlich doch genommen.

Immer, wenn er etwas machen wollte
ist es irgendwie gelaufen
und obwohl kein Mensch was von ihm wollte
konnte er sich immer noch besaufen.

Alle Angst und Zweifel, die zerstreute
seine schöne Frau, die er bekommen
und obwohl sie's später oft bereute
hatte sie ihn schließlich doch genommen.

Niemand hat ihn wirklich haben wollen.
Keiner hat ihn einfach bloß geliebt.
Vielleicht hätt er anders sein sollen
und sein Pech war, daß es das nicht gibt.

Eines Tages ließ er alles liegen
hat nicht mal mehr sein Gehalt bekommen
und beschloß, für immer fortzufliegen.
Diese Nachricht hat man freundlich aufgenommen.

(1969)

Immer wieder eine Lanze werfen

Immer wieder eine Lanze werfen
wenn sie trifft, verblute ich.
Ach, ich wollte mir mein Schwert noch
  schärfen
doch am Ende treff ich mich.

Jede Schlinge, die ich lege
dich an mich zu binden
ist zum Schluß mir selbst im Wege
will sich um mich winden.

Jedes kalte Wort zum Abschied
das ich schleudern will
wird ein Weinen und ein Lied
darum bin ich lieber still.

Laß dich gehn aus meinem Leben
laß dich nun in Ruh
und will ich dir einen Abschied geben
hör mir nicht mehr zu.

(1970)

Er kam an einem Sonntag an oder Theo, fahr nicht nach Łódź

Er kam an einem Sonntag an
und Himmel war, von wo er kam
und Sonne und Licht, und die Leute kannte er.
Er hatte allen Mut bei sich
und Hoffnung, und er freute sich
auf diese Stadt und den Himmel, den sie hat.

Er fuhr zu einem Zimmer hin
da warn ein Bett und Stühle drin
und größer war alles, viel größer als zu Haus.
Das Fenster ging nach hinten hin
am nächsten Tag war Lehrbeginn
ab morgen also sollte er zwei Jahre hier sein.

Er hatte sich viel vorgestellt
und nie geglaubt, daß ihm das fehlt
die Stille am Abend und das Hundegebell.
Er wollte in die Kneipen gehn
und endlich viele Leute sehn
mit denen man sich trifft und so richtig reden kann.

Zwar gabs ne Menge Leute hier
doch trank man da allein sein Bier
nicht wie in seinem Dorf, da wo jeder jeden kennt.
Die Hoffnung auf viel Weibervolk
hat sich inzwischen auch getrollt
die Disco ist zu laut, und er kommt an keine ran.

Wenn er am Morgen S-Bahn fährt
dann kommt er manchmal doch zu spät
weil er sich fürchtet, daß er im Gedränge mal erstickt.
Und dann im Wagen wird ihm heiß
er steht und atmet Staub und Schweiß
Die Leute sind nicht freundlich zueinander und zu ihm.

Er hat schon Angst vor seinem Haus
da gehn die Leute rein und raus
Und bleiben nicht stehn, um zu reden fehlt die Zeit.
Er will die ganze Stadt nicht mehr
sein Zimmer und sein Kopf sind leer
und jede Nacht zerschlagen ihm die Steine seinen Traum.

Die Stadt war viel zu eng für ihn
der Himmel reichte auch nicht hin
und nach nem halben Jahr wollte er nur noch nach Haus.
Er sehnte sich die Weite her
sich auszusprechen fiel ihm schwer
die Leute reden viel, aber keiner redet aus.

Er muß noch bleiben, bis er dann
die Lehre hier beenden kann
weil er sich doch verpflichtet hat, zu lernen in der Stadt.
Er kam an einem Sonntag an
er sagt, er geht kaputt daran
und weiß nicht mehr, ob er nochmal zurückgeht in sein Dorf.

Er kam an einem Sonntag an
und Himmel war, von wo er kam
und Sonne und Licht und die Leute kannte er.

(1971)

Wenn meine Lieder nicht mehr stimmen

Wenn meine Lieder nicht mehr stimmen
und keiner hört mir zu
da laß ich die Gitarre schwimmen
und setze mich zur Ruh.

So viele Leute, die ich kenne
die singen schön und aus Beruf
zuviel, als daß ich Namen nenne
versaun der Ehrlichkeit den Ruf.

Wie oft hör ich: Was soll ich machen?
Ach, Ehrlichkeit bringt nicht viel ein
da sing ich lieber seichte Sachen
kassier mein Geld und sag nicht nein.

Dann stelln sie sich auf eine Bühne
und singen irgendwelchen Mist.
Mensch, besser daß ich nichts verdiene
eh ich was singe, was nicht ist.

Dann gibts noch solche, die was zeigen
die singen nicht, die machen frei
und achten drauf, daß beim Verneigen
vom Körper was zu sehen sei.

Vergessen über Brust und Beinen
daß es noch Wirklichkeiten gibt
worüber ganze Völker weinen.
Das Schlimme ist: Die sind beliebt.

Ich glaube, es ist nicht so bitter
daß mich nicht jeder brauchen kann.
Ich will nicht singen wie ein Zwitter
nur vorher fragen: Kommt das an?

Wenn meine Lieder nicht mehr stimmen
und jeder hört mir zu
da laß ich die Gitarre schwimmen
und setze mich zur Ruh.

(1972)

Fleißig. Reichlich. Glücklich

Als ich noch klein war und in' Kindergarten ging
mußten wir still sein und in einer Reihe gehn
und wer beim Mittag mal zu reden anfing
mußte zur Strafe in der Ecke stehn
Komisch, ich weiß bis heute nicht so recht
warum ich manchmal blaß war und mir war so schlecht
Denn sicher war es ganz genauso, wie es sein sollte
wir machten immer alles so, wie unsre Tante wollte.

Refrain: Och, sind wir fleißig
Och, ham wirs reichlich
Och, sind wir glücklich

Dann warn wir stolz, endlich ein Schulkind zu sein
Im Schulhof durften wir langsam im Kreis spaziern
Das Haus betraten wir ganz brav in Dreierreihn
und wehe, einer wollte nicht pariern
Da gabs ganz einfach Fünfen in Betragen
Wir haben schnell gelernt, nicht immer blöd zu fragen.

Refrain

Als Lehrling fühlten wir uns fast erwachsen
Da warn wir schon ganz schön zurechtgebogen
Und die, die eben immer dußlig quatschen
die sind ganz einfach vor dem Abschluß rausgeflogen
Ich habe nie so recht verstanden, was die eigentlich wolln
Man sagte uns doch immer wieder, was wir denken solln

Refrain

Nun steh ich jeden Tag auf Arbeit meinen Mann
Ich bin erwachsen, mein Kind wird langsam groß
Und das klotzt in der Schule mächtig ran
Nur manchmal denke ich, was hat der Junge bloß
Dann sitzt er lustlos rum und ist ganz blaß
wird aggressiv und schreit: Macht alles keinen Spaß!

Sind doch so fleißig
Hams doch so reichlich
Sind doch so glücklich!

(1973)

Ene mene mopel

Spottlied für Kinder auf Erwachsene
Aus dem DEFA-Film „Ikarus"

Ene mene mopel
wer frißt Popel?
Brave Kinder tun das nicht
wenn man ihnen was verspricht.

Meine Tante Hedwich
sagt mir täglich:
Fürchte dich vorm Schwarzen Mann
weil sie keinen kriegen kann.

Und mein Onkel Ottka
der säuft Wodka
und wenn der besoffen ist
möchte er, daß man ihn küßt.

Unser Fräulein Krieber
hab ich lieber
als den Mathelehrer Klein
weil, sie ist schön und er gemein.

Wärn die Großen kleiner
wärs viel feiner.
Bestimmt wär das gesünder
gäbs auf der Welt nur Kinder.

(1974)

Ikarus

Aus dem DEFA-Film „Ikarus"

War voll von Liebe und war voll Vertraun
und Wärme war um ihn und war viel Zeit.
So konnte er sich große Flügel baun
und alles in ihm war unendlich weit.

Da war es schließlich möglich, daß er flog
die Erde ließ er unter sich zurück.
Bis man die Wärme von ihm nahm und ihn belog
da blieb vom Ganzen in ihm nur ein Stück.

So fiel er nieder, stürzte und zerbrach.
Wer sagt, er wäre nie geflogen, lügt.
Man trug ihm die zerbrochnen Flügel nach
und jeder weiß, daß er nie wieder fliegt.

(1974)

War

War ein kleines Rädchen im Getriebe
aber wollte ganz besonders sein
wünschte sich, daß man sie ihretwegen liebe
und war doch für alles Große viel zu klein.

Hat gedacht, wenn sie es schon nicht schaffte
lebend etwas Wichtiges zu sein
daß ihr Tod sie größer machte
wollt nicht länger nur Komparse sein.

Niemand hat der große Abgang interessiert.
Mancher hat gesagt und klug genickt
daß es eben öfter mal passiert
daß da jemand an sich selbst erstickt.

War doch höchstens vierundzwanzig Jahre
und Verkäuferin in der HO.
Und nun liegt sie hier auf dieser Bahre
und kein Mensch kann sich erklärn, wieso.

Lief sie doch in ihr Verderben
selber voller Ungeduld.
Von zuviel Tabletten kann man sterben
und kein Mensch hat daran eine Schuld.

Ihren Wohnungsantrag hat man registriert
doch es sollte noch ein Weilchen dauern

weil man solchen Antrag numeriert
sie sei Nummer Hundertsechs und zu bedauern.

Einmal hat ein Mann zu ihr gesagt
sie wär seine elfte Frau gewesen.
Traurig hat sie sich nachher gefragt
ob nun diese Nummer in ihr selbst gewesen.

Hat sie sich das Baby abgetrieben
hat sie nachher fürchterlich geheult
und man hat ihr ein Attest geschrieben
sie wär nicht die erste, dies bereut.

Warum hat sie immer so an sich geglaubt
wollt sie immer alles sein und war doch nichts.
Ach, es hat ihr den Verstand geraubt
daß da alles in ihr war und sah man nichts.

Um den Zeh, den großen, ist ein Faden
festgemacht und daran hängt ein Schild:
Nummer Vier, doch dieser ganze Laden
macht sie nun nicht mehr besonders wild.

Wollte niemals eine Nummer sein
und ist doch auf ihrem Zettel Nummer Vier.
War, solang sie war, mit sich allein
und ist immer noch alleine hier.

(1974)

Lied für Monika oder Brigitte

Wenn ick so früh zur Arbeit soll
da hab ick schon die Schnauze voll.
Ick hab mir det nich ausjesucht
Und jeden Tag hab ick verflucht.

Det war schon früher inne Schule so.
Nur wenn se aus war, war ick richtich froh
Denn konnt ick wirklich machen, wat ick will
ick konnte einfach laut sein oder still.

Ick muß bloß machn, wat die andern wolln
die sagn uns imma, wat wa machen solln.
Det is so lahm, am Band so rumzustehn
denn möcht ick imma irjendwo spazierenjehn.

Mich fracht ooch keener, wat ick jerne mache
nur meckern tun se, daß ick seltn lache.
Ick will ne Arbeit, die ick jerne mach
denn würd ick och am Morjen besser wach.

Und ick würd ooch nich spucken uff mein Scheff
wenn ick den abends uff de Straße treff.
Ick glob, ick könnte richtich freundlich sein
und zu mein Bruda nich so oft jemein.

Manchmal denk ick, da is vielleicht wat dran
wenn meine Mutta sacht, ick brauch een Mann
mit dem ick wirklich allet machen kann.
Bloß, meine Eltern nöln sich dauernd an.

Und wenn mein Vata meine Mutta haut
und wenn mein Bruda bei de Nachbarn klaut
und keener is zum andern richtich nett
denn möcht ick heulen abends in mein Bett.

In mein Kopp fühl ick mir janz alleene
und sone richtjen Freunde hab ick keene
ick sitz bloß rum und hab det allet satt
ick weeß nich weiter, sacht doch eener wat!

(1975)

Ach, wenn ich doch als Mann auf diese Welt gekommen wär

Ach, wenn ich doch als Mann auf diese Welt gekommen wär
da wär ich besser dran und wüßte, wie sie sind
und alles, was ich machte, wäre sicher halb so schwer
und von der Liebe kriegte dann der andere das Kind.

Ich hätte monatlich nurmehr noch finanzielle Sorgen
beim Tanzen könnt ich einfach fragen: Tanzen Sie?
Und würde ich mal wach mit einem Schmerz im Kopf
  am Morgen
würd es nicht heißen: Deine Migräne, Liebling, das ist
  Hysterie.

Ich könnte mich allein in jede Kneipe setzen
kein Mensch würd in mir leichte Beute sehn
und mich mit widerlichen Blicken hetzen
ich könnte ungeschorn an jeder Ecke stehn.

Und dürfte auf der Straße seelenruhig rauchen
kein giftger Blick von Damen würd mich streifen.
Das kann man doch zur Männlichkeit gebrauchen
und alle Damen würden das begreifen.

Und wenn mir auf der Straße irgendwer gefiele
da ging ich ran und würde ein Gespräch beginnen
und keiner hätte da so komische Gefühle
daß ich ne Frau bin: Mensch, die Olle muß doch spinnen.

Beim Singen würde jeder auf die Worte hören
kein Blick auf meine Beine oder Brust
den Hörer würd nicht der Gedanke stören:
Na, könntste mit der Alten oder hättste keene Lust?

Und dann, wenn ich mal furchtbar nötig müßte
vorausgesetzt, daß es schon dunkel ist
da hätt ich heimlich, wenn das jemand wüßte
ganz schnell an irgendeinen Baum gepißt.

Zu Hause würd ich stets das meiste Essen kriegen
ach Mensch, ich wünsch mir so, ein Mann zu sein
und auch im Bett da dürft ich immer oben liegen
und keiner sagte: Kommse, ich helf se in den Mantel rein.

Das ist mir immer peinlich, weil ich das alleine kann
und Feuer geb ich selber furchtbar gern
und Türaufhalten dürfte ich als Mann
und müßt mich nicht bedanken bei den Herrn.

Und schließlich würd ich alle jene mal verprügeln
die ihre Kinder mit in Kneipen zerrn
ich würd ihn' ordentlich eins überbügeln
wenn die besoffen lalln, sie hätten Kinder gern.

Das, was ich denk und sage, würde ernst genommen
weil niemand dächte, daß ein Weib nicht denken kann
und wär ich mit dem Auto mal zu Fall gekommen
hieß es nicht gleich: Laßt doch die Weiber nicht ans Steuer ran.

Ich hab genug von diesem kleinen Unterschied
ich will das gleiche machen wie der Mann
will, daß man einen Menschen in mir sieht
und daß ich wirklich gleichberechtigt leben kann.

Ach Gott, da müßte ich ja schließlich auch zur Volksarmee.
Na denn lieber nee?
Oder doch?
Und denn die kurzen Haare!
Na wärn ja bloß anderthalb Jahre!

(1975)

Die Traurigkeiten

Ich trage meine Traurigkeiten fort
und will sie still begraben.
Vielleicht am dunklen, stillen Flusse dort
ich will sie nicht mehr haben.

Vielleicht find ich ein Beet
wo Petersilie steht
die nährt sich kurze Zeit
von meiner Traurigkeit.

Könnte sie einer brauchen
ich stellte alle Laster ein.
Ich würde nie mehr rauchen
und würde niemals wieder traurig sein.

(1975)

Kinder

Sind so kleine Hände
winzge Finger dran.
Darf man nie drauf schlagen
die zerbrechen dann.

Sind so kleine Füße
mit so kleinen Zehn.
Darf man nie drauf treten
könn' sie sonst nicht gehn.

Sind so kleine Ohren
scharf, und ihr erlaubt.
Darf man nie zerbrüllen
werden davon taub.

Sind so schöne Münder
sprechen alles aus.
Darf man nie verbieten
kommt sonst nichts mehr raus.

Sind so klare Augen
die noch alles sehn.
Darf man nie verbinden
könn' sie nichts verstehn.

Sind so kleine Seelen
offen und ganz frei.
Darf man niemals quälen
gehn kaputt dabei.

Ist son kleines Rückgrat
sieht man fast noch nicht.
Darf man niemals beugen
weil es sonst zerbricht.

Grade, klare Menschen
wärn ein schönes Ziel.
Leute ohne Rückgrat
hab'n wir schon zuviel.

(1976)

Liebeslied

Wo soll ich denn mit meinen Fingern hin
die mich nur selbst verwunden
Für alles, was ich will und bin
hat sich kein Platz gefunden

Langsam hat meine Haut sich abgetrennt
die blieb auf irgendeiner Autobahn
Nachts leuchtets da, wo sie verbrennt
und das hat niemand wehgetan

Faß mich nicht an, ach, faß mich an
Ich bin das arme Huhn
das flügelschlagend doch nicht kann
was andre Vögel tun

Hab keinen Himmel über mir
und unter mir kein Bett
kaum leben wir, schon sterben wir
und warn doch nie komplett

Für den sich meine Haut verbrennt
der Hackfleisch aus mir macht
sterb ich genau in dem Moment
wo er darüber lacht.

(1976)

Traurig bin ich sowieso

Wenn wir unsre Kinder schlagen
ins Gesicht und auf den Po,
weil wir selbst uns nicht ertragen
Traurig bin ich sowieso

Wenn die offne Meinung ausstirbt,
niemand contra, niemand pro,
wenn man nur um Heuchelei wirbt
Traurig bin ich sowieso

Wenn ich mich bespitzelt sehe,
überall und nirgendwo,
ganz egal, wohin ich gehe
Traurig bin ich sowieso

Wenn ein Freund in' Westen abhaut,
jemand lächelt schadenfroh,
und kein Mensch dem anderen traut
Traurig bin ich sowieso

Wenn man höchste Preise bietet
für gedroschnes leeres Stroh
und man sein Gehirn vernietet
Traurig bin ich sowieso

Wenn das Ideal im Arsch ist,
und die Hoffnung weiß nicht wo,

uns die Langeweile auffrißt
Traurig bin ich sowieso

Und ich denke an den Dichter,
der in Optimismus floh,
nur für freundliche Gesichter
Traurig bin ich sowieso

Wenn die Häuser uns erschlagen
mit dem Kacheldrahtniveau,
Tränen nur bei Saufgelagen
Traurig bin ich sowieso

Wenn ich ans Gefängnis denke,
das von uns und anderswo,
all die abgeseßnen Bänke
Traurig bin ich sowieso

Wenn ich trotzdem weitersinge,
tragich auch das Risiko
und den Kopf schon in der Schlinge
Traurig bin ich sowieso

Mensch, solange wir noch lachen,
und wir fühln uns nicht allein,
und wir können noch was machen,
kann ich ruhig traurig sein
Darf ich ruhig mal traurig sein!

(1976)

Was ich noch sagen will

Was ich noch sagen will:
sei nicht so lau und still
wenn was zu sagen wär
hab doch nicht solche Angst
daß man dir übelnimmt
wenn deine Haltung stimmt.
Und laß dich nicht bekehrn
daß Schweigen leichter ist
man läßt dabei Gesicht.
Der ist kein Sozialist
der in der Ecke steht
und müde Däumchen dreht.

Erinnerst du dich noch
als du zur Schule gingst
und so in Mathe hingst
da hast du dir gedacht:
Jetzt bin ich lieber still
weil ich mein Abi will.
Dann fing dein Studium an
du hieltest dich zurück
verlorst dich Stück für Stück.
Zwar hast du noch gesagt:
Mensch, wenn ich fertig bin
hat die Kritik erst Sinn.
Nun bist du im Betrieb
ernährst dich selber und
hältst immer noch den Mund.

Nur, wenn es keiner hört
dann sagst du, was dich stört
und was man ändern muß.
Nur tief in deinem Kopf
sitzt der, der wütend grunzt.
Ich habe Angst um uns.

Denn irgendwann einmal
kann sein, daß man vergißt
was Recht und Unrecht ist
daß man vergessen hat
wie ein Mensch leben muß
und hat es doch gewußt.
Wenn du so ruhig sitzt
obwohl du sicher bist
daß was zu machen ist.
Und du die Schnauze hältst
obwohl du sicher bist
daß was zu sagen ist!

(1977)

Wie wird das sein

Wie wird das sein, wenn ich mal alt bin?
Da nehm ich, was ich krieg und kann nicht wähln.
So wird das sein und irgendwann komm ich dahin
und ich werd andern alten Leuten dann erzähln:

Die Beatles und Mick Jagger, das war noch Musik
auf einer Bank in irgendeinem Park
und werd mich ärgern, daß ich nicht die bessre Rente krieg
und mächtig rechnen muß mit jeder Mark.

Ich ruh auf dem, was ich gelebt hab
und eine Angst vor nichts macht mich verrückt.
Ich spare für die Enkel und fürn schönes Grab
die eignen Kinder haben sich verdrückt.

Ich sitz zu Hause, wart auf irgendwas
daß ich gesungen hab, ist längst vergessen
und ich bin glücklich über dies und das
wenn mal zum Beispiel meine Enkel bei mir essen.

Vielleicht werd ich auch manchmal in der Kneipe sitzen
und warten, daß da jemand mit mir spricht.
Nicht mal im heißen Sommer werd ich richtig schwitzen
ich werde langsam laufen, denn ich hab die Gicht.

Ich bin ein alter Mensch von andern alten Menschen
und eine Rolle spiel ich noch im Veteranenklub.
Was mit mir war, was ist, was ich gemacht hab
das alles liegt geordnet tief in einem Schub.

Ich seh die alten Leute in der Ackerhalle
wie sie verwirrt sind, wühln im Portemonnaie.
Sie ham vergessen, daß die Wechselmünzen alle
in der Maschine hinten liegen, was ich seh.

Und wenn ich selbstbewußt durch junge Straßen geh
nicht mal im Winter ist mir wirklich richtig kalt
und manchmal in den Fenstern mich im Spiegel seh
weiß ich genau: In ein paar Jahren bin ich alt!

(1977)

Es ist so wenig

Es ist so wenig, was ich hinterlasse.
Was bleibt von mir, wenn ich mal geh?
Mit Sicherheit wird bleiben, was ich hasse
auch, was ich liebte und des Winters Schnee.

Nur meine Kinder werden mich vermissen
und wer mich liebte kurze Zeit.
Es hat noch nie jemand das Herz zerrissen
und von der Einsamkeit befreit.

Als Kind hab ich geglaubt, ich wär unsterblich.
Ich wollte ewig sein und mehr
und alle liebten mich und waren zärtlich
nur selten träumte ich schwer.

Vielleicht ist es genug, daß ich gelebt hab
zu sehn, daß meine Zeit verrann.
Und meine Wärme, die ich manchmal hergab
ist, was ich hinterlassen kann.

(1978)

Schlaflied für Jakob

Schlaf, mein Sohn, mach die Augen zu
Mama ist da und sitzt bei dir
träum was Schönes, na nu schlaf schon, du
brauchst nicht weinen, ich bin ja hier.

Hab keine Angst vor den lauten Dingen
Wölfe gibt es nur im Wald
Mama ist da, um ein Schlaflied zu singen
und wenn sie dich zudeckt, ists nicht mehr kalt.

Hab keine Angst vorm Schwarzen Mann
der fürchtet sich ja selber so
träum von deiner Eisenbahn
Löwen gibts doch bloß im Zoo.

Weine nicht mehr, ist doch schon gut
ich wisch dir deine Tränen weg.
Keiner ist da, der dir was tut
wenn ich dich in dein Bettchen leg.

Na siehst du wohl, jetzt schläfst du schon.
Wie klein du bist, das tut so weh.
Ich kann nicht schlafen, wie du, mein Sohn
weil du noch nicht siehst, was ich schon seh.

(1978)

Jesus

Was würde sein, wenn es Jesus wirklich gibt
von dem jeder behauptet, daß er ihn liebt
Und der steigt zu uns runter, uns zu befrein
was ihm da passierte in unserm Verein
das stell ich mir vor, und dann wird mir ganz leer
Kein Mensch erkennt ihn, wenn er unter uns wär.

Ein silberner Mercedes und ein schwarzer BMW
fahrn mit blutigen Reifen durch klaren Schnee

Jesus – steig nie herab
du kriegst keine Wohnung
und vom Kuchen nichts ab
Du kriegst keine Arbeit
und du kommst in den Knast
weil du radikal und leise
Widerstand geleistet hast

Denn Jesus war Pole und Jude dazu
Jesus war ein Schwarzer und kam aus Peru
Jesus war Türke und Jesus war rot
Mensch Jesus, bleib oben, sonst schlagen die dich tot!

(1978)

Ich kann nicht mehr

Ich kann nicht mehr, ich bin am Ende
zu sehn, wie alles rings zu Steinen wird.
Die Wärme ist uns schon Legende
wir fassen nichts, wir haben uns verirrt.

Was wolln wir noch, wir sind verloren
was bleibt uns noch in diesem schwarzen Loch.
Wir wären besser ungeboren
und langsam sterben wir und leben doch.

Wir sind nur Puppen, die zu führen
es einer fremden Hand gelingt
und dennoch können wir es spüren
wie schrill und stöhnend unser Herz zerspringt.

So ist am Ende doch geblieben
was zu zerstören immer noch mißlang:
Ein Rest der Fähigkeit zu lieben
und Angst vor dem, was uns bis hier verschlang.

(1978)

Smogalarm

Vierzehn Tage geht das schon
Augenringe hat mein Sohn
und der müde Schleier sinkt
auf die graue Stadt, die stinkt
Mittags ist es noch nicht hell
Stufe eins gilt offiziell
Und die Sonne kämpft so arm
gegen unsern Smogalarm

Hustend hasten wir umher
unser Atem wird uns schwer
Nur, wer Auto fährt, blickt froh
denn im Auto stinkts nicht so
Ich hab Angst und bin doch still
weil ich schnell nach Hause will
Und die Sonne kämpft so arm
gegen unsern Smogalarm

Was man hat, ist schnell verbraucht
Hauptsache, der Schornstein raucht
und wer die Fabrik nicht kennt
weiß nicht, daß sie Müll verbrennt
Wir sind glücklich, wenn auch blaß
Industrie bedeutet Spaß
Und die Sonne kämpft so arm
gegen unsern Smogalarm

Vollklimatisiert – heißt Glück
wir gehn vorwärts, nicht zurück
Man kann sowieso nichts tun
also laß auf sich beruhn
was man doch nicht ändern kann
Wenn man stirbt – sind alle dran
Und wir stehn so bleich und arm
mitten drin im Smogalarm.

(1978)

Für Vera Kamenko

Vera Kamenko war aus Jugoslawien
suchte nach Arbeit, doch da war gar nichts drin
außer im Westen, da suchten sie noch Fraun
Sie hatte ein Kind und der Mann war abgehaun
In Westdeutschland gabs Arbeit, die Sprache unbekannt
Sie suchte bei Männern im Bett, was sie nicht fand
Sehnte sich nach Hause, nach Mutter, Land und Kind
suchte nach Wärme im Leistungslabyrinth.

Refrain: Ach Vera Kamenko, ach Vera Kamenko
Denn unter euch war Krieg

Die Arbeit, die sie machte, die war der letzte Dreck
Doch sie war immer pünktlich, das Geld schickte sie weg
nach Hause zur Familie und das, was übrig blieb
bezahlte sie fürs Essen und Wohnheim im Betrieb
Unter den vielen Männern schien einer Kavalier
der kam aus der Türkei und dem ging es fast wie ihr
Sie zog in seine Bude, war bißchen primitiv
Der Anfang lief ganz gut, doch dann ging alles schief.

Refrain

Er hat sie oft geprügelt, wenn es ihm dreckig ging
Sie sehnte sich nach ihrem Sohn, an dem sie schrecklich hing
Da ist sie weggelaufen in eine andre Stadt
und suchte wieder Wärme, die man im Eis nicht hat

Der Mann hat sie gefunden nach ein paar Tagen schon
Wenn sie nur wiederkäme, von ihm aus auch mit Sohn
wollt er sie nie mehr schlagen, er brauche sie so sehr
Doch schon nach einer Weile war alles wie bisher.

Refrain

Sie nahm am Urlaubsende den Sohn nach Westberlin
Das Kind war viel alleine und voller Eigensinn
Sie arbeitete täglich auch noch nach Arbeitsschluß
und dachte, daß der Junge sie glücklich machen muß
Der Mann schlug all sein Elend in das Gesicht der Frau
Ein Zimmer für drei Menschen, das Kind schlug viel Radau
verstand die fremde Sprache nicht und schien ihr undankbar
Sie konnte nicht ertragen, daß da kein Ausweg war.

Refrain

Das Kind war ungezogen und machte sie verrückt
Vier Jahre und ein halbes hat sie dafür gekriegt
weil sie das Kind verprügelt hat, bis es still liegenblieb
Sie hat den Sohn erschlagen und hatte ihn doch lieb
Ihr Leben war gelaufen, in ihr war alles tot
da hat keiner geholfen aus dieser schlimmen Not
Und das passiert mit Menschen, die sind in unsrer Welt
Die machen Euch die Dreckarbeit fürn bißchen
deutsches Geld.

Refrain

Sie wurde abgeschoben nach zwei-einhalbem Jahr
fand endlich eine Arbeit, wo sie geboren war
Von Montag bis zum Freitag schrubbt sie jetzt auf dem Bau
Ihr Leben aufgeschrieben hat sie für jede Frau
damit die ihre Lage ein bißchen besser sieht
und da mit ihrem Leben nicht das gleiche mal geschieht
Manchmal denkt sie an Deutschland und sehnt sich
    nicht zurück
Sie hat es aufgegeben, die Suche nach dem Glück.

Refrain: Ach Vera Kamenko, ach Vera Kamenko
    Denn unter euch war Krieg!

    Ach Vera Kamenko, ach Vera Kamenko
    Denn unter uns herrscht Krieg!

    Ach Vera Kamenko, ach Vera Kamenko
    Denn unter uns herrscht Krieg!

(1978)

Gebote

Na – Gebote braucht der Mensch wohl, um zu überleben
also schafft er ständig neue, sie zu übergeben
an die Welt, die nach ihm sein wird, und an seine Erben
denn es läßt sich mit Geboten wirklich leichter sterben
Lernte ich doch in der Schule: Keiner solle lügen
und so war ich völlig sicher: Niemand wird betrügen
Doch im Lauf von dreißig Jahren lernte ich verstehn
Das Gebot kreiert man ja nur, um es zu umgehn
Wasserpredigt – Weingelage, so stehn die Gesetze
und wer heut Moral noch fordert, ruft schon auf zur Hetze
Darum sah ich mich gezwungen, eigne mir zu schaffen
Zehn Gebote für mein Leben als die letzten Waffen:

Aufrecht stehn – wenn andre sitzen
Wind zu sein – wenn andre schwitzen
Lauter schrein – wenn andre schweigen
Beim Versteckspiel sich zu zeigen
Nie als andrer zu erscheinen
Bei Verletzung nicht mehr weinen
Hoffnung haben beim Ertrinken
Nicht im Wohlstand zu versinken
Einen Feind zum Feinde machen
Solidarität mit Schwachen

Und ich hab sie nie gebrochen bis auf ein Gebot
Bei Verletzung wein ich manchmal, was ich mir verbot.

(1980)

Hab doch gewußt

Hab doch gewußt – es ist wieder das gleiche
ist keine Hand – keine warme und weiche
Geh doch nicht weg, wenn ich sterbe und weine
sterben ist schlimm, denn da ist man alleine
Sieh mich doch an, und dann gib mir die Hände
halte sie weg von mir, eisschwarze Wände
Steh nicht am Fenster und sieh auf die Straße
Weiß, du willst weg, und weiß, daß ich dich lasse

Hab doch gewußt – es ist wieder das gleiche
Ist keine Hand – keine warme und weiche
Hab mein Gesicht, und ich fürchte den Spiegel
Liege am Boden und hab keine Flügel
Angst frißt mich auf, und sie will mich erschlagen
Keiner ist bei mir und will meine Fragen
Morgen ist gestern und alles wie immer
nur meine Angst wird mir größer und schlimmer

Hab doch gewußt – es ist wieder das gleiche
ist keine Hand – keine warme und weiche
Hab doch gewußt – es ist wieder das gleiche
ist keine Hand – keine warme und weiche
Hab ja gewußt – es ist wieder das gleiche
ist keine Hand – keine warme und weiche.

(1980)

Meinetwegen

Meinetwegen find mir bunte Lügen
Meinetwegen sprich mir von Vertraun
Meinetwegen kannst du mich betrügen
Meinetwegen liebe schönre Fraun
Sag mir nur, ich hätt zu kurze Beine

Aber niemals lache, wenn ich weine

Meinetwegen schlafe, wenn ich wach bin
Meinetwegen bin ich zu naiv
Meinetwegen sag, ich rede Schwachsinn
Meinetwegen lies nicht meinen Brief
Meinetwegen schreib auch du mir keine

Aber niemals lache, wenn ich weine

Meinetwegen hör nicht, wenn ich schreie
Meinetwegen halte mich für dumm
wenn ich unser Ende prophezeie
Meinetwegen mach mich schweigend stumm
Mißversteh mich, wenn ich etwas meine

Aber niemals lache, wenn ich weine

Meinetwegen komme nie mehr zu mir
Meinetwegen sieh mich nicht mehr an
Meinetwegen packe und zieh zu ihr
Meinetwegen sei nicht mehr mein Mann
Meinetwegen laß mich nun alleine

Aber niemals lache, wenn ich weine.

(1980)

Der Führer

Von allen Getieren auf unserer Erde
die Klügsten, behauptet man, wären wir
Wir sind nicht klüger als Schweine und Pferde
Ach, Führer befiehl uns, wir folgen dir

Wir folgten dir schon auf so vielen Wegen
wir folgten nach Auschwitz und Majdanek
Wir haben in Stalingrad gelegen
und sind dort erstickt im Schnee und im Dreck

Heut geht es uns gut, denn wir haben vergessen
was war, was ist und was kommen kann
Und wenn einer aufstand, wir haben gesessen
und starrten gebannt auf den Steuermann

Der Führer lächelt, wenn wir ersaufen
im Wohlstandsmüll und im Militär
wir sind ja so leicht und so billig zu kaufen
für Geld geben wir uns selber her

Er nimmt uns die Last der eignen Gedanken
Er hat uns die neue Bombe geschenkt
der wir Freiheit, Ordnung und Recht verdanken
Der Führer befiehlt und der Führer lenkt

Wir stehen am Abhang und schreien nach Licht
wir sterben gemeinsam und kannten uns nicht
Wenn die blaue, die schöne, die arme Welt
so erbärmlich in heiße Asche zerfällt.

(1980)

Wenn alle Menschen dieser Erde

Nach Peter Härtling

Wenn alle Menschen dieser Erde
nicht ewig wie die Hammelherde
sich in ihr Schicksal brav ergäben
statt endlich wirklich loszuleben

Wenn Feigheit unser Tun nicht lähmte
kein Mensch sich seiner Schwäche schämte
wenn wir einander Wärme schenkten
und den, der anders ist, nicht kränkten

Wenn alle Menschen Bäume pflanzten
Kanonen, Panzer jetzt zertanzten
Wenns keine Armen gäb, noch Reiche
und alle teilten wir das Gleiche

Wenn Eltern wieder Kinder wären
und lernen würden, statt belehren
Wenn wir einst Staat und Macht nicht kennen
kann man die Freiheit Freiheit nennen

Wenn wir dies Leben einmal fänden
ganz fest uns hielten bei den Händen
dann hätten unsre Träume Sinn
denn Menschsein wäre ein Beginn

(1982)

Ich gehe fort

Ich gehe fort
haltet mich nicht
Haltet die Rosen
bei Wasser.

Ich gehe fort
haltet mich doch
habe nicht Schuhe
noch Mantel.

Ich gehe fort
hält mich denn nichts
Rosenöl trinkt wer –
ich weiß nicht.

Ich gehe fort
haltet mich nicht
Haltet die Rosen
bei Wasser.

(1982)

Manchmal sind wir Menschen müde

Manchmal sind wir Menschen müde
manchmal sind wir Menschen blind
fürchten uns und sind stupide
weil wir so verloren sind
Mensch, so wolln sie uns doch haben
und so brauchen sie uns doch
Jeder in sich selbst vergraben
reicht es grad zum Sterben noch

Wir schrein und marschieren
sind brav und parieren
dabei apportieren
schön auf allen vieren
Wir sind zu diktieren
wolln uns etablieren
und die arretieren
die Wände beschmieren
Das heißt funktionieren
beim Lieben erfrieren
die Frau schikanieren
und schnell kompensieren
den Freund attackieren
sich selbst numerieren

Und die kandidieren
und die residieren
die organisieren
uns mobilisieren

mit uns operieren
die uns kommandieren
beim Kriegsexerzieren
beim Völkerskalpieren
und beim Okkupieren
beim Feindliquidieren
beim Landausradieren
und auch beim Krepieren
könn' sich gratulieren

Und sind doch geboren
ohn Stiefel und Sporen
als Mensch, nicht als Affen
ganz nackt, ohne Waffen
und schutzlos und offen
zu lernen und hoffen
zu dichten und schwärmen
und andre zu wärmen
zu weinen und lachen
zu schlafen und wachen
zu träumen und fliegen
und Kinder zu kriegen
mit Liebe und Sorgen
für Nächte und Morgen
zu stricken und nähen
zu ernten und säen
zu essen und trinken
in Wünsche zu sinken
zu reden und streiten
und Neugier verbreiten

zu feiern und trauern
vor Sehnsucht erschauern
zu handeln und wollen
zu spielen und tollen
die Angst zu zerreißen
die Kälte zerschmeißen
in tausende Scherben
nicht einsam zu sterben
und Frieden zu schließen
und nie wieder schießen

(1982)

Stille ists

Stille ists und doch kein Frieden
volle Münder schreien nicht
wenn sie in den Betten liegen
spürn sie auch nicht ihr Gewicht

Liegen doch auf weichen Kissen
und ihr Sterben spürn sie kaum
Manchmal, nachts, weint noch Gewissen
eingesperrt in ihren Traum

Überfluß und gutes Essen
kann doch nicht das Leben sein
Was mal war, ist längst vergessen
Hier zählt Haben und nicht Sein

Hier zählt Heute, nicht das Morgen
was aus unsrer Erde wird
das bereitet keine Sorgen
nur, der Mensch in ihnen stirbt

Jede leise stille Ahnung
wird erstickt und schnell verbannt
Jede laute, schrille Mahnung
umgebracht durch ihre Hand

Gib mir Ruhe, gib mir Frieden
seis auch nur ne Stunde lang
Besser, in die Tasche lügen
Wahrheit bleib im Panzerschrank

Ach, das kennen wir doch alles
war doch alles schon mal da
und im Falle eines Falles
ist das überhaupt nicht wahr

Abwehr spielen ihre Hände
und kein Stein drückt ihre Brust
und wie immer, ganz am Ende
haben alle nichts gewußt

(1982)

No, woman, no cry!
Weine nicht, aber schrei!

Alle deine schönen, großen Brüder
haben einen feinen Job gekriegt
dir hat man gesagt, ne Heirat wär solider
und du hast ganz brav dazu genickt
Einen prima Mann hast du bekommen
jedenfalls hat Vater das gemeint
Schläge hast du schweigend hingenommen
heimlich hast du auf dem Klo geweint.

Refrain: No, woman, no cry
Weine nicht, aber schrei!

Immer ist da irgendwas gewesen
Immer stand was zwischen dir und dir
Manchmal war es einfach nur der Besen
oder deines Ehegatten Bier
Sieben Kinder hast du ihm geboren
dann hat er sich still und leis verdrückt
Denke bloß nicht, du hättst was verloren
Manchmal glaubst du schon, du wirst verrückt.

Refrain

Glaub mir, du brauchst keinen Psychologen …
du brauchst einfach, daß du dich erkennst
Um dich selber hat man dich betrogen

und es nützt ja nichts, wenn du verbrennst
Laß dir sagen, du bist nicht alleine
Es gibt hundert solcher Fraun wie dich
und noch tausend mehr, um die ich weine:
Schrei ab jetzt, das ist nicht lächerlich!

Refrain

(1983)

Wenn einer geht

Wenn einer geht
bleibt einer da
und wer bestimmt
von welchem nun
das Herz zerrißner ist

(1983)

Cool sein

Manchmal sagen mir die Leute
man darf sein Gefühl nicht zeigen
denn die andern wünschten heute
lächelndes Geschwätz und Schweigen
    Und wer dieses Spiel nicht spielt
    wird daran zugrunde gehn
    weil man auf die Schwächen zielt
    dürfen andre sie nicht sehn

„Cool“ ist eins der Lieblingsworte
gut getarnt scheint halb gewonnen
Eisgesicht aus der Retorte
Produktion hat schon begonnen
    Wenn man weint, ist man kein Mann
    Kummer darf nie offen sein
    weil nicht sein darf, was nicht kann
    also heule stets allein

Lächerlich will ich mich machen
daß die Leute endlich merken
Nur, wer weint, kann wirklich lachen
nur, wer schwach ist, hat auch Stärken
    Nur wer seine Trauer zeigt
    Wut und Angst und Liebe auch
    wer sein Fühlen nicht verschweigt
    kriegt dafür auch, was er braucht

Wir sind nicht dazu geboren
um uns ewig zu verstellen
Wirklich sind wir nur verloren
wenn wir mit den Hunden bellen
    Und Enttäuschungen tun not
    was man gibt, kriegt man zurück
    Wer nicht leiden kann, ist tot
    nur, wer Trauer kennt, kennt Glück

Nur, wer schreien kann, ertrinkt nicht
nur, wer fällt, wird aufgehoben
Nur, wer Dunkel kennt, der kennt Licht
nur, wer unten war, kennt oben
    Grade, wer verletzlich bleibt
    und wer Angst und Hoffnung kennt
    Wer sich an sich selber reibt
    ist – was man den Menschen nennt.

(1984)

Die Rose

Als ich ganz jung war, laut und beschwingt
Lief ich auf Zeh'n
Ich hab mich wie eine Irre geschminkt
und fand das schön

Einmal schob ich mir ne Rose ins Haar
nun hing sie da
Ich wußte nicht, daß ich komisch war
weil ichs nicht sah

Als er gelacht hatte über mich
nahm ich sie fort
und ich versteckte sie ganz ordentlich
an sichrem Ort

Nähme ich heut einen Rosenstrauch
er käm nicht her
und steckt ich ihn in die Haare auch
er lacht' nicht mehr

Lang schon verwelkt liegt die Rose im Fach
ich lauf dorthin
und manchmal schaue ich heimlich nach
sie liegt noch drin

(1964/1986)

Heimweh nach Heimat

Kein Ton mehr, der klingt
meine Stimme zerspringt
alles sauber und kalt
wird Gefühl zu Gewalt
Geld ist alles, was zählt
und die Wende gewählt.
Alle Straßen sind fremd
ist kein Haus, das mich kennt.
Ich hab Heimweh
nach Heimat
wo das auch sein mag.

Meine Worte gehen aus
und das: Ausländer raus.
Jeder Türke zuviel
für die gibts kein Asyl.
„Geh doch rüber, du Sau"
sagt ein Mann, der ist blau
Hakenkreuz an der Wand
einen Stein in der Hand
hab ich Heimweh
nach Heimat
wo das auch sein mag.

Von Raketen umstellt
toter Regen, der fällt
und mit Engelsgeduld
baun wir weitere Schuld

und für Wärme kein Raum.
Ich hab Angst noch im Traum
habe Sehnsucht, will fort
und weiß doch keinen Ort
hab nur Heimweh
nach Heimat
wo das auch sein mag
Heimat
wo das auch sein mag
Heimat
wo das wohl sein mag.

(1986)

Dynamo-Tango oder Für die jungen, dynamischen Männer, aufstrebende Mitarbeiter eines Schallplattenkonzerns

Die Lieder, die ich singe, sind zu destruktiv
die ziehn euch runter, und ihr steht auf positiv
Ihr sagt, die Liedermacherhochzeit ist passé
jetzt wünscht das Publikum sich wendemäßig Schnee
Ein bißchen Frieden, nettes, fröhliches Gesicht
denn so 'ne Ballung von Problemen läuft doch nicht

Komisch – ich hab das alles schon einmal gehört
nur war der Ort ein andrer, was mich leicht verstört
Die Reden gleichen sich, genauso blöd und schlapp
Denkt ihr, daß ich dafür das Land gewechselt hab
daß ich nun euch bediene, wie ihr gerne wollt
Ich scheiß auf euren Umsatz und auf Plattengold

Was ich woanders aus Prinzip verweigert hab
Dazu laß ich mich hier auch nicht für euch herab
Wenn euer Rat auch wenger ideologisch ist
so bleibt er doch in seiner Forderung Beschiß
Für euch zählt Kohle, Umsatz, Marktwert und Gewinn
Da kommt es nicht so sehr auf Inhalt an und Sinn

Solange Wut und Trauer sich vermarkten ließ
da habt ihr tapfer mitgeweint für baren Kies
Ich singe weiter, was ich bin und was mir brennt
auch, wenn ihr das nicht mehr so gut verkaufen könnt

Wahrscheinlich habt ihr recht, und mir bleibt nur der Schreck
Vielleicht bin ich schon morgen von der Bühne weg

Mensch, da bewerb ich mich bei euch, wenn nichts mehr geht
haltet mir einen Platz frei, wenn ihr einen seht
Doch fürcht ich jetzt schon, was den Arbeitsmarkt betrifft
Seht ihr das völlig cool und nüchtern, auch bekifft
Ich hör euch grinsend sagen: Ja, so ist das halt
für unsre Firma sind Sie leider schon zu alt

So bleibt mir nur zum Schluß ein letzter Wunsch für euch
Hievt euch die Leiter hoch und werdet bloß nicht weich
Macht weiter so, egal um welchen Preis und wie
Nur eins: Nach eurer Würde suchen dürft ihr nie
Denn das ist etwas, falls ihrs noch nicht wißt
was sich nicht kaufen läßt, weils unbezahlbar ist

(1986)

Der Prinz ist gegangen

Meine Worte sind fremd und munter und laut
dabei will ich am liebsten ganz leise sein
Meine Hand ertrinkt in der Kälte der Haut
Der Prinz ist gegangen, das Herz wird zu Stein

Das Lächeln gefror mir, er sieht es ja nicht
und das silberne Schwert sprang mitten entzwei
Fast erdrückt mich des Vogels Feder Gewicht
Und ich wollte ihn halten mit Zauberei

Ich habe ihm Gitter und Fesseln gezeigt
Ich hab ihm gedroht mit Geflüster und Schrein
Die Tür in den Angeln schwingt rückwärts und schweigt
und das wird dann wohl alles gewesen sein

(1986)

Von Deutschland nach Deutschland

Für Benjamin und mich

Zwei Namen für ehemals gleiches Land
die Grenze geht mitten durchs Ich
verschiedene Fahnen, nur farbenverwandt
im Muster verwirren sie sich

Von Deutschland nach Deutschland ein Katzensprung
wie gut, daß die Sprache fast stimmt
Von der Wut lügt man sich bis zur Mäßigung
und hofft, daß man wieder schwimmt

Und abends beim Bier dann der Lebenslauf
die Sehnsucht wird wegerzählt
wenn man fällt, steht man tapfer wieder auf
und man merkt nicht, daß irgendwas fehlt

Was bleibt, ist die Heimat als Niemandsland
in dem man verlorengehn kann
von niemand geliebt, von niemand erkannt
und manchmal stirbt man daran

Vielleicht ist Heimat ja nur ein Stück Haut
ein Streicheln, ein Lied, ein Baum
und ein Garten, in dem man Blumen klaut
und die eigene Kindheit als Traum

(1986)

Liedgut

Alles eine Sache der Zeit
man wird sich gewöhnen
das will der Kopf
wie, wird verschwiegen
er kann es nicht sagen
Erinnerung zerrt
alte Lieder wie Wurzeln
Wer die hier singt
der singt sie alleine
Lieder geteilt
wie die Kindheit
durch Grenzen
„und wir lieben die Heimat, die schöne"
„Rodina moja, rodina ljubimaja"*
Weg isse – und nu?
Nie wieder „Suliko"**
Das war doch ein Sprung
Geduld muß man haben
Manchmal bete ich leise
daß ich nicht allzuoft
aus mir selbst springen muß
„Von all unsern Kameraden"
ist die Hälfte geblieben
und die Hälfte gegangen
„Laß uns dir zum Guten dienen"
durchgetrennter Tatbestand
„Kleine weiße Friedenstaube"
hat sich die Flügel verstaucht

„Ich trage eine Fahne"
aber nur in der Tasche
„Spaniens Himmel breitet seine Sterne"
über echter Sonnenbräune aus
„Stürmen und Tosen, ihr roten Matrosen"
alle ersoffen
„Vorwärts und nicht vergessen"
zurückzubleiben
„worin unsre Stärke besteht"
denn das wissen wir längst
hat sich immer bewährt
„Die Solidarität"
hat sich vorgenommen
auf Zeiten zu warten
die noch schlimmer sind
„Dem Karl Liebknecht, dem haben wirs geschworen"
und alles gebrochen
„Und so jagten wir das Pack zum Teufel"
inzwischen vertraglich
zwischen Teufel und Pack
garantiert und geregelt
das Kleben am Sessel
„Partisanen, kommt, nehmt mich mit euch"
Ich halts nicht mehr aus – Mensch
Bella ciao

(1986)

* *Meine Heimat, liebe Heimat*

** *Lieblingslied Stalins*

In Gedanken bei Uwe Johnson

Uns allen ist nicht die Zeit geblieben
fertig zu werden mit euch und mit uns
wie dem geliebten gehaßten Land
Da stehen wir nun und beklagen das Unrecht
das uns widerfuhr, bis wir heiser sind
Die Schreie der Wut und die alte Verzweiflung
ertrinken in Ohnmacht wie ehedem
Den Gegenüber, den wollten wir zwingen
zum gleichberechtigten Wortgefecht
Er hat uns entfernt und das Tischtuch zerrissen
Ein Fragender kann ohne Antwort nicht leben
Hier ist eine Rechnung offengeblieben
Die Sprache dreht sich spiralisch ins Nichts
Die Sprache des Zweifels war unsere Waffe
und zuletzt bleibt die Angst vorm versiegenden Wort

(1986)

Das Licht

Der Ring um mein Herz ist aus Eisen
die Dunkelheit ist von der Nacht
Die Angst ist die Mutter der Weisen
und ich hab gelacht

Der Mond ist die Sichel des Vaters
und Gott ist der Bruder von Kain
Der Narr steht am Ende des Kraters
und spuckt nicht hinein

Der Sichelmann hat einen Bruder
Der Schlaf und der Tod sind verwandt
Die Panik, die hat einen Namen
den hab ich gekannt

Die Ohnmacht ist Schwester und Mutter
Die Flamme ist rot und aus Wut
Zum Ende des Weges mein Kutter
und alles wird gut

Das Licht ist am Ende des Weges
Das Helle ist in meinem Schuh
Das Tiefe am Fuße des Steges
Ich will meine Ruh

(1988)

Sie hat's gewußt

Das Kind sitzt vor dem Fotoapparat
und lächelt nicht, weil es den Mann nicht kennt
der ungeduldig immer wieder sagt
das Kind soll endlich lächeln, hübsch gekämmt
Das Kind starrt unbeweglich ins Visier
es will nach Hause oder weg ans Meer
das ist so blau und tief und ist nicht hier
Man lacht nicht, wenn man gern woanders wär

Der Mann verspricht: Mein Kind, nun paß mal auf
wenn du jetzt lachst, kommt hier ein Vogel raus
Der fliegt bis ganz weit in den Himmel rauf
Da lächelt es und will nicht mehr nach Haus
Es wartet auf den Vogel, sitzt ganz still
und hofft bei jedem Klickklack, daß er kommt
weil es den Vogel fliegen sehen will
und glaubt, daß man Versprochenes bekommt

Der Vogel kam im ganzen Leben nicht
und irgendwann hat es das Kind gewußt
Es wurde eine Frau, die leicht zerbricht
die hatte auch zum Lächeln keine Lust
bis alle sagten, daß man besser fährt
wenn man Fassade zeigt und fröhlich ist
Da hat sie mitgemacht, bewundernswert
und hat erwartet, daß man sie nicht frißt

Sie ist gefressen worden, ganz und gar
und hat sich niemals ihren Wunsch erfüllt
nach etwas Ganzem, so mit Haut und Haar
das, was man braucht und ganz tief in sich fühlt
Sie hatte einen Mann, der war es nicht
was er versprach, das alles hielt er nie
und langsam änderte sich ihr Gesicht
Das Lächeln starb, nun war sie wieder sie

Der Vogel kam im ganzen Leben nicht
und irgendwann hat es das Kind gewußt
Es wurde eine Frau, die leicht zerbricht
die hatte auch zum Lächeln keine Lust
als alle sagten, daß man besser fährt
wenn man Fassade zeigt und fröhlich ist
Da hat sie mitgemacht, bewundernswert
bis sie bemerkte, daß sie sich vermißt

(1988)

In Niemandshaus

In Niemandshaus hab ich ein Zimmer
Ich wohn darin, und nichts ist meins
Ganz sicher leben andre schlimmer
Nur ein Zuhause hab ich keins

Der soll nicht schreien und nicht weinen
der niemals geht und niemals bleibt
Zwei Herzen habe ich zu meinem
und Angst, daß jedes stehenbleibt

Ich will ein Vaterland von einer Mutter
Ich will nicht da sein und bin dennoch hier
In meiner großen Jacke fehlt das Futter
Ich steh in Niemandshaus und such nach mir

(1991)

Was ich zu sagen hatte

Für meine Mutter Lisa

Was ich zu sagen hatte, habe ich gesagt
Nur fürchte ich das allerletzte Wort
Der Sprache Ohnmacht hat mich oft geplagt
Doch Trotz und Hoffnung gab ich niemals fort

Mir scheint, die Welt geht aus den Fugen, bringt sich um
die vielen Kriege zählt man schon nicht mehr
und dieses neue große Deutschland macht mich stumm
der Zorn der Worte und die Wut bleibt leer

Ein Jugoslawien stirbt, das es nicht wirklich gibt
nur großes Sterben gibt es und den Tod
auch für die Kurden, die man ihren Henkern schickt
in Afrika ist er der Herr der Not

Die müden Spendenkleider, die man selbst nicht trug
sie machen all die Hungrigen nicht satt
Unsre Almosen sind ein schöner Selbstbetrug
Es lügt sich leichter raus, wer etwas hat

Die Welt stirbt leise, stilles Schreien hört man nicht
Da gibt es keinen andern Stern, zu fliehn
Es hilft kein Weinen, und es hilft auch kein Gedicht
und trotzdem hoffe ich und nicht auf Knien

Wer einen Menschen rettet, rettet so die Welt
Am Ende überleben wir uns doch
Nur wir bestimmen, wann der letzte Vorhang fällt
und Liebe wohnt in uns ja immer noch

(1995)

Zwei Vogelfrauen

Für Tamara Danz

Es zogen am Himmel zwei Vogelfrauen
Ihr Nest ward zerbrochen und ganz zerstört
Sie konnten kein neues Nest sich bauen
weil Baum und Wald nun dem Adler gehört

So suchten sie nach verlorenen Zweigen
nach Zweigen aus ihrer Vergangenheit
und schworen, niemals wieder zu schweigen
zu Lüge und Ungerechtigkeit

Die eine sang tapfere farbige Lieder
und hatte ein goldenes Federkleid
Die andere putzt ihr zerrupftes Gefieder
und krächzt den anderen Vögeln ihr Leid

mit fertigen hohlen Tönen im Schnabel
und immer geplustert und drängelnd im Licht
verkauft sie ihr Leben als schillernde Fabel
die lächelnde Kälte im Vogelgesicht

So blieben sie nestlos im Wald fremder Siege
und jede zog ihre Lebensbahn
Die eine gemütlich verstrickt in der Lüge
und die andere ist gestorben daran

(1996)

So alt bin ich geworden

So alt bin ich geworden
und du bist nicht mehr da
ich frier in Eis und Norden
und niemand kommt mir nah

Ein Star, im Baum, dem müden
der fragte, wo du bist
nun fliegt er wohl nach Süden
weil es dort wärmer ist

Abschied ist mir alltäglich
von dir und von der Welt
nur bleibt er fad und kläglich
wo ich ihn nicht gewählt

Ich habe aufgegeben
mein Messer brach entzwei
für dieses bißchen Leben
lohnt nicht einmal ein Schrei

Das Band ist durchgeschnitten
der Kuckuck zählt die Zeit
Ich werd ihn darum bitten
daß er nie wieder schreit

(1988/1997)

Ich trink auf euch

Ich trink auf euch
und aufs große Vergessen
auf Größe und Schönheit
und gutes Essen

Ich rede was
in vergifteter Sprache
und lüge ein Lächeln
das ist meine Rache

Ich gehe weg
in zerrißnen Sandalen
und hab noch am Ende
vergessen zu zahlen

(1997)

Für Vincent

Unsre Liebe, ach Du kleines Menschenkind
Haben wir mit Schmerz an Dich gehängt
Bist gestorben uns, die wir am Leben sind
Doch uns bleibt ja, was Du uns geschenkt

Liebe und Vertraun und unsre Endlichkeit
All dies haben wir von Dir gelernt
Deiner Mutter Liebe, ihre Einsamkeit
Daß man hier ist und sich doch entfernt

Ach, dann hält man fest, ganz fest und läßt nicht los
Was man doch niemals besessen hat
Teiltest ja ein Stück des Weges mit uns bloß
Und dann flogst Du fort, ein grünes Blatt

Weiß ja, Vincent, weiß ja, daß Du alles weißt
Hätt gern Deine klitzekleine Hand
Bleiben wird für immer, weils niemals zerreißt
Zwischen Dir und uns das goldne Band

Fliege, Seele, fliege frei und leicht und weit
Leben haben wir durch Dich erfahrn
Engel streifen uns nur für ganz kurze Zeit
Und sind fort, da wo sie immer warn

(2004)

Über Bettina Wegner

Geboren am 4. November 1947 in Berlin-Lichterfelde, wächst Bettina Wegner im Ostberliner Bezirk Pankow auf. 1964–67 absolviert sie eine Ausbildung zur Bibliotheksfacharbeiterin, anschließend ein Studium an der Schauspielschule in Berlin. 1965 nimmt sie am republikweiten Wettbewerb junger Talente teil, wird zu den Arbeiterfestspielen in Frankfurt/Oder delegiert. 1966 gehört sie zu den Mitbegründern des „Hootenanny-Klubs", der von dem kanadischen Sänger Perry Friedman ins Leben gerufen wird und aus dem später der Oktoberklub hervorgeht. 1968 verlässt sie den Oktoberklub.

Nach dem Einmarsch der Warschauer-Pakt-Staaten in die ČSSR verteilt sie Flugblätter gegen die Intervention. Sie wird verhaftet und wegen „staatsfeindlicher Hetze" zu 16 Monaten verurteilt. Die Haftstrafe wird ausgesetzt. Bettina Wegner soll sich zwei Jahre in der Produktion bewähren. Sie wird Fabrikarbeiterin in den Berliner Elektro-Apparate-Werken (EAW). 1970 heiratet sie den Schriftsteller Klaus Schlesinger. Sie arbeitet in der Berliner Stadtbibliothek, besucht nebenbei die Abendschule und macht 1972 ihr Abitur. Es folgt eine Ausbildung als Sängerin am Zentralen Studio für Unterhaltungskunst, die sie 1973 mit einem Diplom abschließt.

Seit 1973 ist sie freischaffende Liedermacherin, tritt mit eigenen Liedern und lyrischen Texten auf. Mit Klaus Schlesinger gründet sie die Veranstaltungsreihen „Eintopp" (1973–75) im Berliner Haus der Jungen Talente und „Kramladen" (1975/76) in Berlin-Weißensee. Dort tritt sie neben anderen Künstlern und Schriftstellern auf. Die Veranstaltungen werden jeweils durch staatliche Organe verboten. Im November 1976 protestiert sie öffentlich gegen die Ausbürgerung von Wolf Biermann. Zunehmende Einschränkung ihrer Arbeitsmöglichkeiten und Auftrittsverbote sind die Folge.

1978 tritt sie zum ersten Mal in Westberlin auf, beim Literaturfest im Künstlerhaus Bethanien. Aus dem Konzertmitschnitt entsteht ihre erste LP „Sind so kleine Hände", die in Westberlin und in der Bundesrepublik Deutschland erscheint.

1980 erhält sie einen Reisepass. Sie kann nur noch außerhalb der DDR auftreten. 1983 wird sie vom DDR-Kulturministerium aufgefordert, das Land zu verlassen. Andernfalls droht ihr ein Ermittlungsverfahren wegen „Verdachts auf Zoll- u. Devisenvergehen". Im Juli 1983 übersiedelt Bettina Wegner nach Westberlin. Auftritte u. a. mit Joan Baez in der Waldbühne. Im Dezember 1989 tritt sie – gemeinsam mit anderen ausgebürgerten Liedermachern – zum ersten Mal wieder in der DDR auf, im Berliner „Haus der jungen Talente".

1992 gehört sie zu den Mitunterzeichnern des Appells zur Gründung des Komitees für Gerechtigkeit. 1996 erhält sie den Thüringischen Kleinkunstpreis. Sie gibt Benefizkonzerte für verschiedene soziale Projekte. 1998 engagiert sie sich für den inhaftierten Journalisten Mumia Abu-Jamal.

Am 22. Januar 2005, zu ihrem 35-jährigen Bühnenjubiläum, tritt sie in der Berliner Passionskirche auf. Im Dezember 2007 nimmt sie offiziell Abschied von der Bühne. Seitdem gibt sie nur noch hin und wieder Konzerte. Am 11. März 2020 wird sie für ihr Lebenswerk mit dem Deutschen Musikautorenpreis der GEMA ausgezeichnet.

Im Mai 2022 kommt Lutz Pehnerts Dokumentarfilm BETTINA in die Kinos.